Karl Friedrich Kretschmann

Briefwechsel der Frau von Y. und der Baronesse von Z.

den 3 Logen der Freimaurer in Dresden und Leipzig zugeeignet

Karl Friedrich Kretschmann

Briefwechsel der Frau von Y. und der Baronesse von Z.
den 3 Logen der Freimaurer in Dresden und Leipzig zugeeignet

ISBN/EAN: 9783743464421

Hergestellt in Europa, USA, Kanada, Australien, Japan

Cover: Foto ©ninafisch / pixelio.de

Manufactured and distributed by brebook publishing software (www.brebook.com)

Karl Friedrich Kretschmann

Briefwechsel der Frau von Y. und der Baronesse von Z.

Briefwechsel

der Frau von Y**.

und der

Baroneſſe von Z.

Leipzig,
bey Weidmanns Erben und Reich. 1772.
Wird zum Beſten der Armen um 4 Gr. verkauft.

Den drey Logen

der

Freymäurer

in Dresden und Leipzig

zugeeignet.

Dem Verleger dieser Bogen, dem sie durch einen Zufall in die Hände gekommen sind, schien es nöthig, irgend einen rühmlichen Namen denselben vorzusetzen, um ihnen, zum Besten der Armen, desto mehr Ansehen zu geben. Der Name des Verfassers hätte diese Absicht ganz erfüllt: aber zu diesem hatte er

keine Erlaubniß. Rühmlich mußte der Name seyn, und zugleich mußte es der Name einer Person oder
Gesellschaft seyn, welche diese Bogen,
ohne vor sich selbst zu erröthen, lesen
könnte, und welche so viel für die Armen gethan hat, und noch thut, als
die drey Logen der Freymäurer in
Dresden und Leipzig gethan haben
und thun. — Wozu noch die Frage;
was eine Gesellschaft sey, wenn die
vielmehr entscheidende Frage, was sie
thue, also beantwortet ist?

Reich.

Erster Brief,
der Baron von Z** an die Frau von Y**.

Sonnabends den 11. Januar 1772.

Ist es möglich, meine beste Tante, daß Sie Ihre Julie, Ihre Nichte, Ihre Freundinn, so recht im Ernste zu vergessen anfangen? Wir sind keine zwey Meilen von einander; ich wohne nun schon seit vorigem Sommer hier auf meinem Landguthe; und Sie haben mich nicht mehr und nicht weniger als ein einziges mal besucht? — Es ist wahr, Sie könnten eben diese bedenkliche Frage auf mich zurück wenden; auch ich habe Ihnen nur Besuch für Besuch gegeben: aber dennoch, wenn wir das Tantenrecht abrechnen, auf welches Sie niemals sehr merkliche Ansprüche gemacht haben; so deucht

deucht mir auch immer, als ob Sie nicht so weit zu mir hätten, als ich zu Ihnen. Wenigstens kann ich Ihnen doch hundert Hindernisse anführen, die vielleicht so schlimm als der längste Weg sind. Bedenken Sie nur einmal selbst, erstlich meine großen häuslichen Verrichtungen, nämlich, die ganze lebendige Zärtlichkeit einer jungen Frau! ein süßer lieber Mann, der meinem Kusse noch eben so verliebt nachhascht, als ob wir nächstens mit einander sollten verheurathet werden: alsdann die Berufsgeschäffte; Montags Cour bey Hofe; Dienstags Opera buffa vom schnurrigen Buranello; oder vom empfindsamen Traetta, oder vom göttlichen Piccini; Mittwochs Bal pare', oder Reboute; Donnerstags Gesellschaft bey mir; Freytags Gesellschaft bey andern; Sonnabends Ausschlafetag; und Sonntags Gottesdienst und Spiel. — Sehen Sie wohl, gegen alle diese Verhinderungen haben Sie nichts vorzuschützen; es wären denn die vom Sonntage, die sich auch bey mir so gut als bey Ihnen abthun lassen: deswegen

wegen sage ich alle Donnerstage, Sonnabende und Sonntage zu jeder Carosse, die in meinen Hof rollt: da kömmt meine liebe von Y**! — und meine liebe Frau von Y** kam nicht!

Tante, Sie sind die Urheberinn meines Glücks; denn Sie sind die Stifterinn meiner Ehe. Wohlgemerkt, ich habe beschlossen, daß ich, wenigstens ein Jahr lang, diese Wörter Ehe und Glück eins für das andere brauchen will; vielleicht verlängere ich meine Grammatik sogar bis ins künftige Jahr. — Aber nun, haben Sie denn vergessen, wie viel ich Ihnen schuldig bin? Haben Sie den Geschmack aufgegeben, die Freuden Ihrer Julie zu sehn? Wollen Sie denn nicht kommen um wenigstens noch einmal meinen zärtlichsten Dank hinzunehmen? Kommen Sie, eilen Sie theuerste Freundinn! denn sobald das Carneval zu Ende ist, reise ich mit meinem Manne — mein Mann sagte gestern zum erstenmale, Ich mit meiner Frau, — und also reisen wir beyde auf unsre thüringischen Güter.

Kommen Sie; richten Sie Sich auf acht oder vierzehn Tage ein. — Unsre Landwirthschaft ist auf recht artigem Fuße, das kann ich Sie versichern; und die Stadt ist, wie Sie wissen, kaum eine Viertelmeile weit entfernt; es ist hier so hübsch, daß wir, ungeachtet des eintretenden Winters, nicht erst eine Wohnung in der Stadt nehmen werden: kurz, versuchen Sie es selbst, und Sie werden finden, daß uns weder Bequemlichkeit noch Vergnügen abgeht.

Ich sprach am Montage den jungen Kriegsrath von X*. Das allerliebste drolligte Geschöpf von der Welt; sein ganzes Leben ist ein Tanz, und er besitzt gute Kenntnisse im Spiele. Es ist immer ein brauchbarer Mann! Er erzählte mir mit eben so viel Ernst als Vertraulichkeit, die schöne Wittwe (er meynte Sie) gäbe Verdacht, als ob sie alle Mittage die Bettelkinder ihres Dorfes zu sich versammelte, und sie offene Tafel halten ließe: er wäre neulich selber vor Ihrem Hofe vorbey gefahren, und habe ihn von schmutzigen Leuten so voll wie einen Kräutermarkt gefunden; das habe ihn um das Vergnügen Ihrer Gesellschaft gebracht, da er gesehn, daß Madame angenehmer beschäfftigt wären. — Kurz, liebe Tante, der Kriegsrath ist noch immer der unausstehliche Schwätzer, der er sonst war. Ich sagte ihm ganz trocken, er könnte sich die Mühe ersparen, die Wohlthätigkeit meiner Freundinn in solchen grotesken Bildern auszustellen. — Er machte die Augen weit auf und den Mund fest zu; verstummte, erstaunte, und sah gerade aus wie er von Natur ist, nämlich, wie ein Narr!

Doch weg mit dem Papogey ohne Federn! Voritzt noch ein Wort von Ihren Lieblingen, den Armen. Gewiß, liebe Tante, diese Theurung und dieser Mangel mag wohl die guten Landleute recht sehr drücken. — Ich gebe es zu, diese Bemerkung ist eben nicht die scharfsinnigste: aber sie ist desto gutherziger. — Ich werde eine Stille in meinem Dorfe gewahr, die mich Wunder nimmt: gleichwohl

wohl sind meine Unterthanen, denke ich, eben nicht am schlimmsten daran. Ich habe meinem Hausverwalter Befehl gegeben, für die Bedürftigsten Sorge zu tragen, und die Ausgabe bis auf eine mäßige Summe zu verrechnen.

Hunger, sagt man, macht zahm: Das mag wohl eine Bemerkung aus irgend einer Menagerie seyn: aber auf meine Unterthanen scheint sie nicht zu passen: Ich hatte gestern einen lebhaften Verdruß. Da ich ein reinliches Stubenmädchen brauche; so hatte ich den seltsamen Einfall, eines von unserm eigenen Zuwachse zu haben. Mein Hausverwalter schlug mir die Tochter eines Kerls vor, (er nannte ihn den alten Hans;) die sogar im Nehen und Stricken geschickt seyn soll. Was geschah? die Jungfer Hansin erschien mit ihrem Papa: es ist in der That ein feines hübsches Dorfmädchen. Werden Sie wohl glauben, daß die kleine Närrinn meine Dienste verbat? —
„Sie wollte nicht, könnte nicht ihren Va„ter verlassen; — sie wäre sein einziges
„Kind;

„Kind; — die kindliche Liebe gienge „vor —". Der alte Hans sagte alles in einem derben Basse nach, was das Töchterchen im weinerlichen Discante daher plerrte; er setzte noch mit einer wilden Miene hinzu? das Mädchen wäre zu hübsch um hier sicher zu seyn; der Verwalter gebot ihm Stillschweigen; Hans versicherte den Verwalter, er thäte es bloß der gnädigen Herrschaft zu Ehren, wenn er ihn keinen Schurken hieße: kurz, die Scene fieng an etwas lebhaft zu werden. Ich gestehe es, diese Unverschämtheit, diese Undankbarkeit gegen meine Güte, verdroß mich. Ich ließ den alten Hans fortjagen, und behielt das Mädchen schlechterdings.

Doch, was erzähle ich Ihnen da Dinge, über die Sie auf Kosten der treuherzigen Briefstellerinn nothwendig lachen müssen. Sie sehn wenigstens, daß ich ganz artig anfange den Charakter einer Landdame anzunehmen. Bin ich erst ein Vierteljahr in Thüringen, vom Hofe völlig entfernt; so wetten Sie was Sie wollen,

len, ich melde Ihnen unſre Korntaxe, und wie viel man fette Kappaune um einen Louisd'or haben kann: — Nun, Sie kommen doch bald, meine liebe Freundinn? Alſo auf baldiges Wiederſehn!

Ihre

Julie von Z *.

* N. S. Der Blitzkerl, der alte Hans! Da hat er eben ſein Töchterchen wieder heimgeholt, um in aller Stille mit ihr zu emigriren. Richter und Gerichten aber haben mir mit allem ſteiffen Triumphe ihres Amtes, das Mädchen wieder zurückgebracht. O ſie ſoll nun bleiben, und wenn ſie zehn Väter hätte!

Zweyter Brief,
der Frau von D** an die Baroneſſe von Z**.

Freytags den 17. Januar.

Sehr lieb, beſte Nichte, war mir Ihr Brief, denn er kam von Ihnen: aber auch wiederum nicht lieb, und das gleich-

gleichfalls weil er von Ihnen kam. Ich will Ihnen sogleich den Schlüssel zu diesem Räzel geben, so bald ich Sie nur daran erinnert habe, daß ich Ihre liebevolle Tante bin, die Ihnen stets, ohne Umschweif, ohne Murren, aber auch ohne Heucheley, alles gesagt hat, was Ihnen gesagt werden mußte.

Indem ich diesen Anfang niederschreibe, stelle ich mir meine liebe Julie vor, wie sie eben dieses Blatt in beyden Händen ganz nahe vor den freundlichen Augen hat; wie sie ein zärtliches Besorgniß bey diesen Zeilen festhält; wie Ihre Wangen röther werden, wie Ihr Herz in sich zurückkehrt und hastig alle Handlungen durchläuft, um zu sehen, auf welche vielleicht dieser Anfang Bezug haben kann. — Ich habe Ihnen schon oft zu dieser Empfindsamkeit Glück gewünscht, die Ihnen von Ihrer Mutter, meiner theuersten Schwester als ein schöner Adel der Seele angeerbt wurde. O suchen Sie ja diesen Schatz recht geizig beyzubehalten: er ist das wahre höchste Gut der Menschheit

heit, vornehmlich wenn die weise Tugend dabey wider das Zubringen der Irrthümer Wache hält.

Nunmehro, gerade zu ist der nächste Weg! Liebe Nichte, es misfällt mir äusserst, daß Sie sich um das entsetzliche Elend unsrer Zeit, nur so allgewöhnlich bekümmert zu haben scheinen, folglich noch lange nicht genug thätiges Mitleid gegen die armen Schlachtopfer des Hungers und des Schreckens empfinden können, und also auch die Freuden, die wahren Götterfreuden der Wohlthätigkeit und Großmuth sich selbst versagen. — Ich kenne das, was Sie zu entschuldigen scheint, allzu gut. Die junge Dame, die zärtliche Frau, das Herz für alle Fröhlichkeit offen; sehen Sie das wars, das zog Sie auf eine andere Seite, um Ihnen alles Fürchterliche des allgemeinen Jammers zu verbergen. — O Julie! um Ihrer selbst willen, wenden Sie sich, und sehen Sie genauer auf das, was um Sie her vorgeht!

Sie

Sie sind in der großen Welt, und für sie bestimmt, Sie können ihr also freylich nicht ganz entsagen; Sie sind Gattinn, und vortrefflich ists, daß Sie auch eine zärtliche Gattinn sind; Ihr Herz ist gefühlvoll, und auch gegen das Vergnügen fühlbar zu seyn, ist ein Talent, das der Himmel nur schönen Seelen gab: aber, Leben und Sterben, fröhlich und betrübt seyn, Pflicht und Vergnügen, alles hat seine Zeit. Würden Sie wohl, wenn ein Gewitter über Ihrem Guthe stünde, die Kirche im Donner entzündete, die Saaten mit Hagel zerschmetterte, die armen Hütten im Sturm umrisse, würden Sie dann wohl, wann auch Ihr Haus, Ihre Aecker, Ihre Gärten verschont blieben, diese Zeit für schicklich halten, ein Concert zu geben? Ich kenne vielleicht Personen die zu diesem Unsinne Herz hätten. Aber, meine Julie, Sie schätzen Vernunft und Religion zu hoch, um so eine abscheuliche Unschicklichkeit gut zu heißen! — Nun denn, diese Theurung, dieser Mangel, dieser Hungertod ist entsetzlicher und allgemeiner als das gewaltigste

ste Gewitter! Oder ist unser Elend etwa minder furchtbar, weil es nur, wie eine Pest, still und langsam fortwürgt, und nicht alle Pracht des Verderbens hat? — Gott ist in beyden, meine Julie!

Bey Gott dem Allwissenden! Sie kennen den ganzen Umfang unsers Elendes noch gar nicht? das sehe ich Ihrem Briefe deutlich an. Aber noch ist es Zeit, noch ist es Noth, noch ist es Pflicht ihn kennen zu lernen. Ey gewiß, Sie werden wöchentlich etliche Tage dem Armuthe, seiner Noth, seinem Bedürfnisse, seinem Troste sogar widmen müssen. Ich wünschte zwar mit vollem Herzen, daß Ihre Unterthanen ein glücklicher Loos hätten als ihre Nachbarn: aber, aufrichtig! ich zweifle daß Sie es haben; die meinigen wenigstens, waren, ehe ichs vermuthete, mitten im Elende, und alle meine Sorgfalt ist noch nicht im Stande gewesen, das Ganze zu ändern! Wie könnte ich es auch? Es ist Gottes Hand die uns drückt! — Aber es ist auch Gottes Auge das mich sieht, ob ich wenigstens

stens nach meiner Schwäche dasjenige thun, was ich thun kann, und thun soll.

Also haben Sie Ihrem Verwalter die Versorgung Ihrer Armen überlassen? Auf meinen Güthern maße ich mir die Ehre dieses Amtes selber an. — Sie werden sich entsinnen was ich Ihnen schon ehemals von Ihrem Verwalter sagte, und ich bleibe dabey, es wäre am besten Sie schickten ihn mit Gelegenheit fort. Gewiß, beste Nichte, Sie dürfen während Ihrer Thüringischen Reise einem Manne von seinem Schlage Ihr Vermögen nicht anvertrauen: und gleichwohl überlassen Sie ihm so zuversichtlich die Sorgfalt für Ihre Armen? — Glauben Sie mir, ohne den Phädrus zu kennen, wird er die Fabel von der Löwentheilung vortrefflich spielen! Aber gesetzt auch, er wäre der erste Verwalter von der Welt, so ist dies doch kein Geschäffte für ihn. Es gehört Empfindsamkeit eben so wohl als feines Herz und außerordentliches Gefühl dazu, um alles Elend gewahr zu werden, und ihm mit Liebe abzuhelfen. Dürften Sie

B dieses

dieses einem Manne zutrauen, der sein Leben in Tyranney gegen die Hofarbeiter, den Groll im Herzen, den Prügel in der Faust und den Fluch im Munde, zugebracht hat?

Ich habe einen recht braven Verwalter: aber ich bin zu argwöhnisch, um ihm die Sorgfalt für meine lieben Armen zu überlassen. Ich that es Anfangs; aber allzubald nur wurde ich gewahr, wie er dieses Amt so ganz nach seinen Grundsätzen und groben Empfindungen verwaltete. Er theilte gewissenhaft an alle Gebrechliche und Alte aus; er jagte die fremden Bettler fort; er ließ nicht zu, daß mich ein Einheimischer überlief; er murrte mit den müßigen Leuten, wies die hungernden Kinder zur Arbeit; kurz, er that so brav, daß mir binnen acht Tagen mehr als sieben Unterthanen verhungerten. Auf eine fürchterliche Art kam ich hinter das wahre Elend. Ich hatte, wie Sie wissen, einen hübschen Bologneser Hund. Das Thierchen verlief sich eines Morgens, und da ich es überall suchen ließ,

melde-

meldete man mir, daß ihn ein Knabe eines meiner Unterthanen vom Hofe weggehascht hätte. Ich war eben im Begriffe meinen gewöhnlichen Morgenspaziergang ins Feld zu thun; ich gieng also gerades weges in das Haus des Vaters. — O Julie! Noch denke ich mit Schaudern, mit Schrecken, mit Vorwürfen gegen mich selbst denke ich daran! — Mein Hund war geschlachtet, und der arme Dieb zitterte noch davon wie vor einem Menschenmorde. „Ach um Gotteswil„len!" (schrie er, als ich ins Haus trat, und warf das blutige Messer ins Feuer) „ja ja, das habe ich gedacht: aber es ist „schon Recht, lassen Sie mich todt prü„geln, lassen Sie mich in Keller werfen. „Ich hätte es nicht thun sollen: aber der „Hunger, der Hunger! Ach gnädige „Frau, Sie haben wohl in Ihrem Leben „nicht einen halben Tag gehungert, und „wir schon vier Tage!" — Mein Gott, sagte ich, du glaubst doch nicht etwa daß das Thier zum essen ist? — „Ach! (ant„wortete er schluchzend) ich würde einen

Wolf

„Wolf angefallen haben um nur meinen
„Vater zu retten!" — Und wo ist dein
Vater? — „Er hungert, gnädige Frau,
„und meine Mutter auch. Seit vierzehn
„Tagen keinen Bissen Brodt; seit acht
„Tagen nichts als ein wenig grobe Kleye,
„und nun gar nur Wasser und Salz.
„Ach! — wenn ich doch todt wäre, wie
„Ihr Hundchen da!" — Es war nicht
möglich diesen Strafengel ohne Thränen
zu sehn und zu hören: ich nahm ihn bey
der Hand; aber er schlug mir ohnmäch-
tig vor die Füße nieder. Ich überließ
ihn meinem Bedienten, und flog in die
Stube: nun da, o Julie, da da! der
elende Mann, und sein Weib, auf einer
armseligen Streu, zwischen Tod und Leben. Die unglückliche Frau streckte mir
ihre dürren Hände gefalten entgegen:
„Ach, haben Sie Barmherzigkeit mit un-
„serm armen Jungen! Blos um mich zu
„retten, hat ers gewagt. Er hat ge-
„dacht das vierte Gebot stünde vor dem
„siebenden. Es ist nicht recht; es
„kränkt mich in der Seele: aber, gleichwohl

„wohl muß ich weinen, über seine Lie-
„be! Wollen wir doch gerne sterben, vor
„Hunger sterben! — Nur erbarmen Sie
„sich über unser Kind!" — Der Vater
wandte sich itzt mühsam herum, denn
aufsitzen konnt er nicht: „Gnädige Frau,
„Sie sind auch Mutter; und Gott der
„Vater verzeiht uns allen, so böse Kin-
„der wir sind." — Liebste Freundinn,
ich bekenne es Ihnen, ich war so betrof-
fen, so gedemüthiget, so schmerzlich ge-
rührt, als ob ich vor dem Gerichte Gottes
stünde, und diese elende Familie eben ihre Klage wider meine bisherige Sorglosigkeit anhübe. — Hundertmal habe ich
mir seitdem sehr bitter vorgeworfen: du
versorgtest deine Hunde und deine Pfer-
de, und bekümmertest dich doch nicht um
das Elend der Unterthanen die dir Gott
zur Fürsorge und Obhut anvertraute?

Aber nun danke ich Gott, daß dieses entsetzliche Elend von meinen Armen
entfernt ist. Ich bin ihr Verwalter.
Ich gehe den Wohlhabenden meines
Dorfs

Dorfs mit meinem Beyspiele vor; der Bedürftige bekömmt zum Sattwerden, aber nicht zum Ueberfluß; der unvermögende Wirth erhält vorschußweise Korn, nicht zwar in der festen Absicht es wieder zu bekommen, aber ich wende doch diese Absicht vor, damit ich nicht einen oder den andern zur Sorglosigkeit und von dieser zum Müßiggange verwöhne; dem Pfarrer und Schulmeister ist die Aufsicht über die armen Kinder anvertraut; bey ihnen werden sie nothdürftig gespeiset, unterwiesen und zur Arbeit angehalten. Die Einrichtung dieser Anstalten und die Fortsetzung derselben haben mich bisher ganz allein beschäfftigt; mein Gehalt ist der kostbare Friede des Gewissens. Der Kriegsrath von X *. hatte also ganz Recht; sein Bild von mir war nach der Natur gezeichnet, und ob es gleich meine Nichte ein wenig grotesk fand, so ist das nun schon der Fehler des Originals. — —

Es ist bey alle dem so was süßes, seine Pflicht zu thun, daß ich Sie gern auch

auch in diesen Geschmack bringen möchte. Wie gesagt, wenden Sie doch wöchentlich ein Paar Tage an (ich schlage Ihnen hierzu die Mittwoche, den Freytag und Sonnabend Ihres Kalenders vor,) um Gott nachzuahmen, und barmherzig zu fühlen und zu seyn wie er es ist. Wirklich ein recht eignes Werk für ein Herz wie das Ihrige; und um wie viel theurer würden Sie mir seyn! — Ich weiß gewiß, liebe Julie, dieser Brief wird mit Ihren kostbaren Thränen geschmückt seyn: vielleicht ist auch irgend eine Bußthräne darunter. Nun, kommen Sie, umarmen Sie mich, und empfangen Sie Vergebung fürs Vergangene: aber ich bin katholisch genung, um Ihnen zu sagen, daß ich Büße ohne Erstattung nicht annehme. * Bestimmen Sie also nur immer eine mäßige Summe für das Armuth überhaupt, ich darf Ihnen nicht sagen, wovon?

Noch eins, liebe Nichte! — Ihre Historie mit dem alten Hans kränkt mich herz-

herzlich. Das Mädchen ist freylich Ihre Unterthaninn, aber auch die Tochter eines alten Vaters. Sie betrug sich albern, und der Vater ungestüm? O verzeihen Sie doch immer etwas der Natur. Eine Glucke fliegt jedem ins Gesicht der ihr ein Hühnchen nehmen will, und fragt nicht darnach ob es ihr Herr ist oder ein Fremder. Und dann, wie, wenn sie ihren Vater wirklich ernähren müßte? Wie, wenn die Rede des Vaters, „das „Mädchen wäre zu hübsch um hier sicher „zu seyn" etwa ein Geheimniß enthielte? — Doch von alle dem werden Sie schon hinlängliche Nachricht eingezogen haben: denn eine Grausamkeit dieser Art, die Tochter von ihrer Pflicht wegzureißen, damit der Vater verderbe — o das bin ich weit entfernt von meiner sanften Julie zu argwohnen! Verzeihen Sie mir also dieses geäußerte Besorgniß. So bald ich abkommen kann, bin ich in Ihren Armen: nehmen Sie inzwischen mit dem Platze verlieb, den

den Sie allezeit haben werden in dem Herzen.

Ihrer

Hedwig von Y***.

Dritter Brief,

Die Baronesse von Z*. an die Frau von Y***.

Montags den 20. Jan.

Schon wieder muß ich an den Hof! Also nur mit ein Paar Worten, meine theuerste Tante, um Ihnen meinen Schmerz über Ihren Brief zu gestehn, und meine Reue, und meine Buße. — Ach, Sie reden vielleicht allzuhart mit einem Herzen, das Sie selbst zum Gefühle bildeten! Nun, ich werde alle Anstalten machen, Ihrem Rathe zu folgen, so wenig es auch meine Verfassung, meine unumgänglichen Zerstreuungen, vielleicht mein Rang sogar zulassen wollen. Aber Sie

Sie sollen befriedigt werden. Nächstens, nächstens, liebste Tante! Heute muß ich nun schon wieder an den Hof. Doch das sagte ich Ihnen ja oben bereits.

Aber, mein Gott! ist es möglich, ist es mit dem Elende der Zeit schon so weit gekommen, daß der Landmann verhungern kann? Ich gestehe es Ihnen, außer Ihrem vollgültigen Zeugnisse über dieses Entsetzen, würde ich nichts davon geglaubt haben! Ich schäme mich in der That, daß ichs so spät erfahre, und verspreche Ihnen, ich werde so viel thun, um diesem Unglück auf meinen Gütern vorzubeugen, als mir nur möglich seyn wird. Seyn Sie inzwischen wegen der hiesigen Armen außer Sorgen. Mein Gemahl versichert mich, daß er den Verwalter völlig kenne, und als einen ehrlichen Kerl kenne.

Ihre Einrichtung gefällt mir ungemein. Nehmen Sie die Belohnung des Himmels dafür! Ihr armer kleiner Dieb rührt mich so stark, daß ich zehn Louisd'or

d'or für ihn beyschlüße. Wenn er mehr so fromm stehlen will, so schicken Sie ihn zu mir, er soll meine beste Schafhürde offen finden.

Mein Stubenmädchen werde ich wohl von selbst wieder entlassen müssen. Das Geschöpfchen thut nichts als schluchzen und weinen. Aber — beym Himmel, es wäre doch hart, wenn die billige Gewalt der Herrschaften dem Eigensinne des Gesindes und der Unterthanen aufgeopfert werden sollte! — Ich habe noch immer ein wenig Lust sie zur Strafe bey mir zu behalten: denn ihr Vater ist noch ein ganz lebhafter Kerl, der sich durch Arbeit schon des Hungers auch ohne Beyhülfe seiner lieben Tochter erwehren kann. Nächstens mehr! Behalten Sie lieb

Ihre

Julie von Z *.

Vier-

Vierter Brief.
Die Frau von Y**. an die Baroneſſe von Z*.

Dienſtags den 28. Jan.
Abends um 10. Uhr.

Rathen Sie einmal liebe Julie, wo ich heute geweſen bin? — O! man wird Ihnen dieſes Räzel bereits erklärt haben. Bey Ihnen alſo, meine Nichte, bey Ihnen war ich, und fand Sie nicht zu Hauſe. — Es fiel mir heute früh ein, Sie in die Oper zu begleiten: ich kam Mittags zu Ihnen; aber man ſagte mir, Sie ſpeiſen heute beym Kriegsrathe von X*. — So? beym Kriegsrathe alſo! Vermuthlich doch um ihm einen beſſern Geſchmack in moraliſchen Arabesken beyzubringen? —

Inzwiſchen wollte ich nicht wer weiß wie viel nehmen, und dieſen Beſuch unterlaſſen haben: vielleicht war es ſo gar beſſer,

beſſer, daß wir einander fehlgiengen; ich habe verſchiedne Erkundigungen eingezogen, wovon Sie noch gar nichts zu wiſſen ſcheinen, und die Ihnen doch ſehr nöthig, ſehr dringend ſind.

Ich gehe dem Faden dieſer kleinen Begebenheit nach. Die Hauptabſicht meines Beſuchs war die Hoffnung etlicher freundſchaftlicher Stunden in Ihrer Geſellſchaft; eine Nebenabſicht aber, Ihnen die zehn Louisd'or wieder einzuhändigen: denn, warlich! Nichte, Sie müſſen mir das Vergnügen, für meinen kleinen Dieb alles zu thun, ganz und gar überlaſſen. — Ich wollte mich eben wieder in meine Kutſche ſetzen; als mir der Gedanke in den Kopf kam, Ihr grämliches Stubenmädchen kennen zu lernen. Man wies mich in Ihr Vorzimmer; auf einmal trat ich hinein, und fand — das Mädchen in Thränen, und ihren Verwalter vor ihr, in einer ſehr heißen, ſehr dringenden, ſehr unverſchämten Rede begriffen. Er entſetzte ſich bis zur Schamröthe,

röthe, und auf einmal verstand ich den Commentar des alten Hans, und schwöre Ihnen nun selber „daß das Mädchen „freylich zu hübsch ist, um hier sicher zu „seyn." Ich sprach vielerley mit dem Mädchen, und ich sage Ihnen, es ist ein gutes untadelhaftes Kind: ich überlasse Ihnen die weitere Untersuchung, die mir nicht zukömmt; aber ich kann nicht umhin, Sie bey aller unsrer Freundschaft zu bitten, seyn Sie aufmerksam, nähern Sie sich denen die unter Ihnen sind, oder erheben Sie ihre Herzen zu Ihnen — mehr sage ich nicht!

Auch den Vater des Mädchens kenne ich nun: ich finde ihn nicht den zehnten Theil so wild als er Ihnen vorkam; ja ich will wetten, wenn er sich in Ihrer Gegenwart einer Unbedachtsamkeit schuldig machte, daß es die väterliche Angst für sein Kind war, die ihn hinriß; eine schöne Ursache eines misfälligen Betragens; ein vortreffliches Instrument zu einer schlechten Menuet: ey nun, wir sind
nicht

nicht Alle Virtuosen! — Er ist arm und ehrlich; eine große Empfehlung zum Mitleiden, er ist lange im Dienste des Vaterlandes Soldat gewesen; dieses thut sogar Achtung hinzu: er ist ein zärtlicher Vater; und der Mann ward mir ehrwürdig. Gewiß, liebe Nichte, Sie werden dem Manne ein wenig wohl begegnen müssen.

Der heutige Tag war der schönste Spätling des Herbstwetters; er lockte mich auf ihre Felder. In der Rückkehr gieng ich durchs Dorf. — Hören Sie mich an, Julie, damit Gott Sie wieder höre! Ich muß es Ihnen, mit Schmerz muß ich es Ihnen sagen, daß Ihre Unterthanen unglücklicher sind, als Sie wissen oder glauben. Nimmermehr kann es Ihnen bekannt seyn, daß ich über zwanzig arme verhungerte Kinder, sogar Greise, ehrwürdige schwanenfarbne Greise — betteln gehn sah! Ach wie gern hätte ich mich mit ihnen allen über ihr Elend weitläuftig besprochen; aber ich

glaub,

glaubte ich wäre hier meiner Nichte einige Schonung schuldig. Zudem verließ ich mich zu stark auf Ihr Wort, daß Sie nächstens, nächstens selber die Sorgfalt für diese armen Leute übernehmen würden, als daß ich Ihrer Pflicht hierinnen zu sehr vorgreifen wollte: inzwischen theilte ich doch Ihre Louisd'or in kleinern Münzsorten unter ihnen aus, und schwur mirs bey jeder Gabe heimlich zu, daß ich auf jeden dafür erhaltenen Segen, Ihnen zum Besten, Verzicht thäte.

Armuth und Wohlthat! welche Auftritte, welche Bilder! Bekommen Sie denn nicht Lust, liebste Julie, eines dieser großen Gemählde in Ihrem Herzen, in der Gallerie, worinnen alle Thaten der Menschen zu jenem großen Tage der Ausstellung aufbehalten werden, eigen zu haben? Stellen Sie sich einmal vor, eine edle junge reizende Frau im Vordergrunde; um sie herum in vielen Gruppen eine Menge Hungrige, denen sie mit Christenmilde sie ihre Gaben ausgetheilt hat: und nun steht sie da, in der Ruhe des befriedigten Gewissens, wie die beste Magdalene eines Correggio, und vergnügt sich, halb gegen sie gewendet, an einer fußfälligen Mutter, die ihr kleines Mädchen die Hände zusammen falten lehrt, um der wohlthätigen Hauptfigur zu danken, indeß auf der andern Seite ein lieber goldlockigter Knabe seinen getrösteten Vater an der Hand herzu bringt, und mit freundlicher Ungeduld gleichfalls bemerkt seyn will: über der ganzen Scene schwebt im Silbergewölke ein göttlicher Genius, und sagt, mit einer Geberde als ob er von einer würdigen Schwester spräche, zu einem andern Genius, der den schönsten Kranz aus Sternen flicht: das ist sie, für die der Kranz gehört! Verzeiht mir, ihr Hagedorne, ihr Caylus; die Angabe meines Gemäldes gehört freylich nur für eure Feder! aber die Ausführung sollte eines Raphaels würdig seyn; Gabriels sogar! doch wir wollen, dächte ich, die Wortspiele bey einer

ner Sache weglassen, die außer dem Scherz ist.

Nächstens also? — Ach wie verlangt mich, meine Julie mitten in dieser Epoche zu sehn! Wie verlangt mich nach der stolzen Befriedigung, meine Blutsfreundinn unter die Anzahl derer, die vor Gott itzt groß werden, eingezeichnet zu finden, und Ihnen, mit noch heißerer Liebe als itzt, zu sagen, wie schätzbar Sie ewig seyn werden,

Ihrer
guten Hedwig von Y**.

Fünfter Brief.
Der Baron von Z*. an die Frau von Y**.

Sonntags, den 2. Febr.

Hochwohlgebohrne Frau,
Gnädige Frau Tante!

Ihre liebe Nichte, meine noch weit liebere Gemahlinn, geht nun schon seit ein Paar Stunden in ihrem Cabinette her-

herum; ſetzet ſich vor das Schreibepult
um Ihre letztere gütige Zuſchrift zu be-
antworten; nagt recht ernſtlich an dem
nieblichen Daumen ihrer ſchönen linken
Hand; ſteht wieder auf, ſetzet ſich wieder
hin; mag auch ganz artige Gedanken haben, um Ihnen einen recht großen lieben
Brief zu ſchreiben. Aber ich glaube,
auf mein Wort! der Gedanken ſind zu
viel, zu ernſthafte, zu ſtürmiſche, um ſie
in Ordnung vorbringen zu können. Wir
Mannsperſonen aber? o da iſt es ganz
was anders! Entweder wir haben der
Gedanken nicht ſo eine ſtürmiſche Menge,
oder ſie kommen doch wann wir wollen.
Eins von beyden. Erlauben Sie ein
wenig, daß ich den Secretär meiner lieben Frau mache: und Sie ſollen ſehn!

Meine Principalinn iſt, das muß ich
Ihnen aufrichtig bekennen, mit dieſer
Probe von dem Stile ihres Secretärs
nicht allerdings zufrieden: ich werde
ſchon eine ernſtere Feder zu rechte machen
müſſen. — Alſo, meine Gnädige Tante,
habe

habe ich Ordre Ihnen zu melden, wie wir bemerken, daß — Sie nicht völlig mit uns zufrieden sind; daß — Sie verlangen, meine Gemahlinn sollte gegen unsre Armen großmüthiger seyn; — sollte ihnen mehr Sorgfalt, mehr Zeit, mehr Aufwand wiedmen; — sollte die Bemühung selbst übernehmen; — sollte das Stubenmädchen mein Kind, und meinen Verwalter Ihr Bube nennen. —

Eben itzt bekam der Secretär einen kleinen freundlichen Schlag. — Ich gebe es zu, sein Stil ist für so eine ernsthafte Sache nicht gutherzig, nicht ernst genung. — (und, ey! hier bekam der Secretär einen Kuß.) —

Nun aber im Ernste, gnädige Frau: ich bewundre Ihr Herz, das von Natur sowohl, als aus trefflichen Grundsätzen gut ist. Ich lasse mir nicht verbieten, es allen unsern Bekannten zur Nachahmung zu empfehlen. Eigentlich zwar nur zur Bewunderung: denn nachzuahmen — o wie schwer ist es, auf diese Höhe

Höhe hinanzukommen! Ich bin so gar, aus Verdruß über mich selbst, auf den Gedanken gerathen, es sey Ihr ausgezeichnetes Betragen gegen das Armuth, nicht in allen Fällen, nicht für alle Personen, nicht für alle Verfassungen thulich; es sey Ihnen möglich, was mir oder einem andern Layen, der einen starken Antheil von gutem Herzen und halb so viel Verstand hat, nicht möglich ist. Sehen Sie, meine theuerste Tante, dieser Gedanke hat sich nach und nach in meinem Kopfe festgesetzt; und so sehr er auch, obenhin betrachtet, einer kahlen Entschuldigung ähnlich sehen mag, so habe ich ihn doch nach meiner eignen Kenntniß so genau als möglich abgewogen, ihn auch von unsern moralischen Wardeins prüfen lassen; und da haben wir herausgebracht, daß manches Gold sey, wann es gleich anfänglich nicht glänzt.

Meine liebe Gemahlinn wird Ihnen schon gesagt haben, daß wir eine verhältnißmäßige Summe für unsre Armen aussetzten: es war alles, was wir von unsern seren Bedürfnissen und Ehrenausgaben entbehren konnten. Unser Verwalter führt die Aufsicht darüber. Das ist eben schlimm! sagen Sie. Ich sage es vielleicht selbst. Allein wo soll man einen Verwalter hernehmen, wie man ihn eben braucht? sie sind vielleicht alle schlimm! sie führen vielleicht alle (wie der Homme d' Affaires einer meiner Freunde,) ihr geheimes Register mit der Aufschrift: Verzeichniß dessen, was Gott insbesondere beschert hat. — Inzwischen habe ich mir seine Rechnung über den Armenaufwand sogleich vorlegen lassen, und ich finde alles so ziemlich in Ordnung. Aber, was zu thun? Wäre ich nicht in der großen Welt erzogen, nicht bey Hofe in Diensten, völliger Herr meines Vermögens und sogar meiner Neigungen; so würde ich mit Eifer und Vergnügen das Amt meines Verwalters selber übernehmen, und mich keiner Sorgfalt, sogar bis auf die mindesten Bedürfnisse der Armen entziehen. Allein, Madame, — Sie begreifen selbst, daß dieses fes für mich aus tausenderley Ursachen nicht thulich ist. Alle diese bis ins kleinste Detail getriebene Sorgfalten vertragen sich schlechterdings nicht mit dem großen Fuße, auf welchem wir zu leben gezwungen sind: ich bin versichert, verehrungswürdige Tante, Sie werden uns deswegen nicht strafen, weil wir etwas unterlassen, das durch unser Schicksal selbst unmöglich gemacht wird. Für Sie, (und wohl Ihnen daß es so ist!) ist alles das eben so viel leichte Möglichkeit, als Vergnügen: denn Sie sind von der unruhigen Schiffahrt der großen Welt, sicher ans Land zurück gekommen, indessen wir uns noch völlig unter Segel befinden. Nothwendigkeit, so traurig sie auch immer seyn mag, beruhiget den Verstand, ich habe immer geglaubt, daß dann auch Herz und Gewissen ruhig seyn könne.

Es ist wahr, unsre Zerstreuungen sind Schuld daran, daß wir das Elend unsrer Unterthanen bisher noch nicht ganz gewußt haben: ich ließ aber sogleich nach

Ihrem Briefe meinen Verwalter rufen; ich drohte ihm ein offenherziges Bekänntniß ab, und es ist leyder so, wie Sie sagen. Ich werde darauf bedacht seyn, die Summe, die ich fürs Armuth bestimmte, so viel mir möglich ist, zu vermehren.

Hier hätten wir nun also Recht und Unrecht unter uns vertheilt, und ich glaube gar gern daß Ihnen zwey Drittheile von dem erstern, so wie mir vier Fünftel von dem letztern zufallen. Aber, verzeihen Sie, ich kann dieses nicht von dem Verfahren meiner lieben Gemahlinn gegen das Mädchen eingestehen, dem sie die Ehre ihres Dienstes antrug. Ich kann es der Kreatur schwerlich vergeben, daß sie Ihre Gutherzigkeit gemißbraucht und Sie ohne alles Verdienst zu ihrem Vortheile eingenommen hat! Verlassen Sie sich darauf, es ist das eigensinnigste Ding worüber man sich jemals geärgert hat, so wie ihr Vater der ungeschlachteste Kerl von der Welt: beyde scheinen vergessen zu haben, ob noch irgend ein Unterschied zwischen Herrschaft und

und Unterthanen sey: "Ich habe aber fest
beschlossen, sie ihre Schuldigkeit zu lech-
ten. — "Aber der Vater ist arm." Desto
lieber muß es ihm seyn, wann sein Kind
versorgt wird! — "Aber es ist sein ein-
"ziges Kind!" Madame, ich hoffe daß
sich der Mann auch alleine im Finstern
nicht fürchten wird.

Sie müssen schon der Laune des Weltmannes diese Freyheit der Ausdrücke zu
gute rechnen: Sie kennen inzwischen meiner Gemahlinn Herz und das meinige
zur Genüge um versichert zu seyn, daß
uns blos die Nothwendigkeit von der
Nachfolge auf demjenigen Wege abhält,
auf welchem Sie sich so schöne Bürger-
kronen flechten. Gönnen Sie uns fer-
ner Ihr Wohlwollen, Ihre Freundschaft
und vornehmlich Ihre fleißigern Besuche,
und glauben Sie daß ich mit der vollkom-
mensten Hochachtung verbleibe.

Dero ꝛc.

Wedig von Z*
N. S.

N. S. Noch ein Paar Worte von mir, meine theuerste Tante! Ich nehme durchaus keinen Antheil an dem Ausdrucke meines lieben Secretärs: aber was die Sache selbst anbelangt; — ja freylich, da scheint mir manches nicht so ganz übel gedacht zu seyn; es sey nun Liebe, Ueberzeugung, oder was es sey, das mich auf die Seite des Briefschreibers zieht. — Ich habe beyde, das Mädchen und den Verwalter vorgehabt. Der letzte gestund mir in ihrer Gegenwart, er habe ihr einen Eheantrag gemacht: das Mädchen aber war nicht zur Antwort zu bringen; jedoch überzeugte mich ihr Stillschweigen über diesen Punkt, daß der Verwalter die Wahrheit gesagt habe. Ich wiederhole obigen Briefschluß auch für mich, und bin ewig

Ihre

Julie von Z*.

Sech-

Sechster Brief,

die Frau von Y**. an die Baronesse und den Baron von Z**.

Montags den 3ten Febr.

Mein lieber Vetter, und meine Nichte! Ihr gestriger Brief hat mich in die größte Wehmuth gestürzt: ich werde eher keine Ruhe haben, bis er beantwortet ist; und, o gefiele es doch Gott, daß Ihnen meine Antwort wie ein Schwerdt durchs Herz führe, durch dieses hartgewordene Herz, das ich Ihnen gestern noch mit einem Beglaubigungseyde abgeschworen hätte! — Ach Grausame, welche Thränen habt ihr mich nicht seit gestern gekostet! — Ich sehe nun schon, ich muß Ihnen meine ganze Seele, das innerste meiner Gedanken muß ich Ihnen eröffnen; ich sehe voraus, ich werde sehr bittre Wahrheiten zu sagen genöthiget seyn; Sie werden Sich davon beleidigt erachten: aber

Je crains Dieu, cher Abner, & n'ai point
d'autre crainte.

Ihr

Ihr Scherz, mein lieber Vetter, (er sey der bon ton oder nicht,) ist leyder mehr als zu arg der Scherz eines Weltmannes, wie Sie selbst bemerken. Ich muß Ihnen noch mehr sagen; er ist die vollkommenste Sprache der Gleichgültigkeit bey einem entsetzlichen Unglücke. Vergebens bestehen Sie auf der Güte Ihres Herzens; es ist der letzte Schimmer einer verlöschenden Lampe: vergebens billigen Sie mein eignes Betragen; Sie mißbilligen ja durch Ihre Handlungen, was Sie zum Scheine gut heißen; Ihre Lobsprüche sind durch den Anstrich des Compliments welk geworden; ich verdiene sie auch nicht; und ich verlange sie noch weniger.

Es ist erbarmungswürdig, daß Ihr Brief die Miene der Philosophie im Grunde an sich haben soll! Sagen Sie mir im Ernste, lieber Baron, müßte nicht Ihre eigne Ueberzeugung sogar auf der Stelle als sich Ihr Witz zum Range der Grundsätze erhob, die Sache der

der Vorurtheile verfochte, und das übel-
bewachte gute Herz, wie im nächtlichen
Ueberfalle gefangen nahm? — Ich muß
doch diese stolzen Vernunftschlüsse genauer
beleuchten: denn vielleicht entgieng Ihnen die Schwäche derselben.

Ihr Verstand setzte sehr richtig voraus,
und Ihr Herz, glaube ich, stimmte willig
ein, daß es itzt Pflicht sey, die Wohlthätigkeit mit Hintansetzung mancher
Bequemlichkeiten und vieler Vorurtheile, mit voller Seele auszuüben:
Die Wohlthätigkeit erscheint also in dem
ganzen Umfange einer Menschen- und
Christenpflicht, die allen Personen, allen
Ständen, allen Verfassungen verhältnißweise obliegt. Dieses alles geben Sie
mir leicht zu: Sie nehmen aber das
Wort, verhältnißweise, unrecht für
Sich zur Schutzwehr, und erklären es
durch Ihre große Welt, großen Fuß,
Ehrenausgaben, und dergleichen. Kommen Sie von diesem Irthume zurück:
diese große Tugend aus der natürlichen

und

und geoffenbarten Religion, läßt sich durch keine Vorurtheile dispensiren, und durch nichts als durch das physische Unvermögen einschränken. Es kommt bey ihr auch eben so viel auf die Art zu geben an, als auf die Gabe selbst, und, sehen Sie, in keinem dieser beyden Erfordernisse haben Sie mich beruhigt. Sie geben; und der Himmel belohne Sie dafür: aber Sie geben nicht so viel als Sie könnten, und geben es nicht selbst. Also ist weder Gott, noch Ihr Gewissen, noch Ihre wahre herzliche Freundin ist befriedigt.

Es ist zwar an dem, daß Sie in der großen Welt, Ehre= oder Schandehalber (ich weiß selbst nicht, welches Wort hier am schicklichsten ist,) mehr Aufwand zu machen genöthiget sind, als der ruhige vom Hofe der großen Welt entfernte Landsasse; ich weiß auch, daß Sie viele sogenannte Pläsirs kaufen müssen, die Ihnen im Grunde nichts weniger als ihres Preises werth zu seyn scheinen.

Sie

Sie würden sie verachten, oder doch ohne Leidwesen entbehren, wenn sie außer der Mode der großen Welt kämen! — Aber nicht wahr, lieber Baron, wenn Krieg, Feuersbrünste, Pest oder Erdbeben Ihre Güter verwüstet, und Ihr Vermögen auf die Hälfte, vielleicht gar auf ein Drittheil herabgesetzt hätten; nicht wahr, Sie würden dann einen oder den andern Aufwand des großen Fußes, einen oder den andern drolligten Zeitverderb der großen Welt, sich willigst abkürzen, und nichts weniger als über diese vernünftige Einschränkung erröthen? — Nun dann, ist wohl die entsetzliche Hungersnoth, die unser armes Volk trifft, diese Geißel in der Hand des großen Erzürnten, weniger furchtbar und dringend als irgend ein andres Unglück? Oder ist es zum schämen, dasjenige für die Noth anderer zu thun, was man doch für sich selbst ohne Bedenken würde gethan haben? — Sehen Sie zu, wie Sie diesen Widerspruch mit Ihrem Gewissen, wenigstens

nur

nur mit Ihrem gesunden Verstande vereinigen können!

Als ich wünschte, Sie möchten Sich des Armuths bringender und selbst annehmen; so verstund sich gar nicht darunter, daß Sie den argusäugigen Verwalter machen, und auf alle Kleinigkeiten acht haben sollten. O, lieber Baron, Sie haben itzt auf Ihren Gütern noch gar zu großen Mängeln abzuhelfen, ehe es an das geringfügige Detail käme!— Ich verlange nur, daß Sie Sich des Armuths Ihrer Unterthanen, das ist, Ihrer Freunde, Ihrer Kinder sogar, nicht schämen; alle mögliche Anstalten zu ihrer Rettung vorkehren, und auf die Ausführung ein wachsames Auge haben; jedes dringende Bedürfniß erforschen, und zu der Mildthätigkeit der Gabe noch den Trost, daß sie unmittelbar aus den Händen eines Menschenfreundes kam, hinzuthun. — Hier steht uns nun abermals der leibige große Fuß im Wege; ich werde aber meine Exempelphilosophie wieder zu Hülfe nehmen.

Wissen

Wissen Sie wohl noch, bey was vor einem Zufalle ich Sie zuerst kennen und lieben lernte? Gut, wenn Sie es vergessen haben, so habe ich es doch nicht, und ich will es Ihnen wieder ins Gedächtniß rufen.

Sie waren bey der stolzen Gräfinn von C*, als meine Nichte und ich, unsern nachbarlichen Besuch in ihrem Schlosse an der Elbe machten. Diese Dame hatte Ihnen ihre gnädige Achtung bloß um deswillen geschenkt, weil Sie ein Hofcavalier, ein Weltmann, und ein artiger Herr waren, der auf einen großen Fuß lebte: ob Sie ein würdiger Cavalier, ein vernünftiger Mann, ein Freund der Tugend wären, das kümmerte Sie gar nicht. — Der schöne Abend lockte die Gesellschaft in das Lustschiffchen der Gräfin, auf welchem wir längst der prächtigsten Aussicht am Ufer hinfuhren: ihr kleiner rascher Laufer glitt plötzlich am Vordertheile aus, und stürzte über den Kopf ins Wasser. „Er ersäuft; mein Gott! er ersäuft! schrie die ganze Gesellschaft;

und alle ſtunden auf, nicht um ihn zu retten, ſondern — um ihn verderben zu ſehen: die fühlloſe Gräfin rief ſo gar: „welche Unvorſichtigkeit! der Bube ſoll „hundert Prügel haben!" — Sie aber, mein lieber Baron, Sie, der ſtarke, muntere, gutherzige Jüngling, Sie ſchwangen Sich, ohne ein Wort zu ſagen, wie zum Tanz über den Bord, ergriffen den armen Unglücklichen, und brachten ihn uns in Ihrem Arme ins Schiff zurück. — Die Gräfinn ſah mit mürriſchem Stillſchweigen an den Ort, wo Sie im Ueberſpringen ein Stück vergoldetes Schnitzwerk abgeriſſen hatten; ich aber hätte Sie auf der Stelle, ſo naß Sie waren, umarmen mögen; auf mein Wort, ich hätte es gethan, wenn unſre Bekanntſchaft ein wenig älter als zwo Stunden geweſen wäre! — Aber wo blieb denn damals Ihre Betrachtung des Wohlſtandes? Ihre große Welt? Bedachten Sie denn nicht, daß die Damen ſich vor Ihren naſſen Kleidern ekeln, und die Chapeaus über Ihre triefenden Haare lachen würden?

würden? — Heil Ihnen! Sie bedachten das alles nicht, als es darauf ankam, ein Leben zu retten! Und nun, machen Sie die Anwendung. — Um itzt hundert Leben zu retten, tausend vielleicht, soll es Ihnen nicht den fünfzigsten Theil dieser gefährlichen Mühe kosten: und Sie wollen da noch einen Augenblick anstehen?

Um Freundschaft und Ehre Willen, führen Sie nicht mehr das Wort Unmöglichkeit für sich an! Der Entwurf zur Verbindung der Möglichkeit mit der Pflicht, ist hier ja so leicht, so gleich vorhanden, daß ich mich Ihrer Verweigerung recht schämen muß. Kürzen Sie Sich wöchentlich einen oder zween Zeitvertreibe ab: das ist das ganze Geheimniß. Hierdurch gewinnen Sie eine Zeit, die Sie zu Untersuchung des Elendes und zur Verfügung der Gegenanstalten vorefflich nützen können: der ersparte Aufwand aber wird ein Eigenthum seyn, auf welches Ihre Armen das unstreitigste Recht haben.

Die

Die Woche über, einen oder zween Zeitvertreibe! was werden unsre Bekanntschaften, unsre Freunde, unser Hof sogar dazu sagen, wenn wir das thun?

Lieber Baron, was wird denn Gott sagen, wenn Sie es nicht thun?

Aber, auch dieses Ersparniß wird vielleicht der Noth im Ganzen noch nicht steuern.

Versuchen Sie es erstlich, und wüthet dieses Elend dem ungeachtet noch fort; so haben Sie doch Ihrer Seits gethan, was Sie konnten, und was Sie sollten. Was würde wohl aus einer Schlacht werden, wenn jeder Soldat mit dem Troste davon gehen wollte: ich werde die Schlacht doch nicht ganz und gar gewinnen!

Aber gleichwohl, ein bis zween Zeitvertreibe! das ist so was schweres! Verbindung, Gewohnheit, Vorurtheil, alles empört sich darwider!

Endlich

Endlich sind wir da, wo ich Sie schon
längst hin haben wollte: sehen Sie, mein
Vetter und meine Nichte, Sie haben Sich
bis itzt selbst betrogen: Sie schoben Ihre
Unthätigkeit auf die Unmöglichkeit; und
es lag doch blos daran, daß Sie nicht
wollten. Es ist unumgänglich nöthig,
ich muß Ihnen noch etwas zur Besserung
Ihres Willens sagen.

Sie geben ein kostbares Mittagsmahl;
es sind zwanzig Couverts da; sechzig Personen könnten davon zur Nothdurft satt
werden: ist es Ihnen denn niemals,
niemals eingefallen, daß dieser Ueberfluß vierzig Elenden das Leben retten
könnte; und, gütiger Gott! wenn Sie
daran gedachten, wie war es möglich,
daß Ihnen nicht das nieblichste Gerichte
zu Galle ward? Sie können Sich in
Ihren Gesellschaften, in Ihren Redouten
des Spieltisches nicht entschlagen; Sie
sind unglücklich, und verlieren in einem
Abende zehn bis zwanzig Louisd'or. Sie
vergessen diesen Verlust, und das ist freylich
das beste, was Sie thun können: aber Sie
sollten

sollten es nicht vergessen, daß zehn bis zwanzig nackende Kinder aller Strenge der Witterung ausgesetzt sind, denen Sie doch durch eben diese Summe ihre Gesundheit auf Zeit Lebens hätten erhalten können. O meine Freunde, das ist sehr unbarmherzig! — — Sie kommen an den Hof; Sie sehen unsern liebenswürdigen Fürsten; er erzeigt Ihnen das Vergnügen und spricht auf das gnädigste mit Ihnen: gab Ihnen da niemals Ihr frohes Herz, den edlen Gedanken ein, daß Sie Ihm die Erhaltung seiner Unterthanen schuldig wären? — — Sonntags besuchen Sie die Kirche; Sie sind da, im Angesichte dessen, dem der heilige Altar errichtet ward, eben das, nichts mehr und nichts weniger, als was Ihre geringsten Dorfleute sind; Sie nennen ihn den Barmherzigen: sollte sich denn niemals der Gedanke bey Ihnen eingefunden haben, daß dieser Richter die Unbarmherzigen (grobe so wohl als subtile) im Voraus verurtheilt, und ihnen sein Himmelreich schon itzt verschlossen habe? — Wie

war

war es doch möglich, daß Sie, Herr Baron, nicht überall von diesem Gedanken verfolgt wurden! — Und Du, meine so edle Julie, wie war es möglich, daß Du deine Empfindsamkeit so verläugnetest? — Zittern Sie, Baron! Sie haben ein großes weibliches Herz ums schönste Gefühl gebracht!

Ich habe Ihnen nur noch ein Wort über die Folgen Ihrer harten Sorglosigkeit zu sagen. Fahren Sie so fort, wie bisher; so hören Sie Ihr Schicksal: Sie werden manchen rechtschaffnen Unterthan zur Verzweiflung; noch mehrere zum Laster hinjagen; Sie werden diesen zum Raube, jenen zum Selbstmorde nöthigen; Sie werden der ewige Seufzer der Sterbenden, und der Haß der elenden Uebriggebliebenen seyn; Sie werden endlich Ihre Sorglosigkeit, wann das Elend Ihrer langsamen Hülfe schon zu groß geworden ist, zwar bitter aber umsonst bereuen; Sie werden vor Ihren eignen Unterthanen nicht mehr sicher seyn; ja, Sie werden verarmen, und

Ihren Nachkommen die Klage hinterlaßsen, daß ihre Anherren die besten Stammgüther hülflos verderben ließen: denn, ein Jahr dieses Elendes wird Ihnen mehr verwüsten, als die Mühe eines Seculum wieder herzustellen vermag!

Ich habe alles gesagt: es bleibt mir nichts übrig, als Gott zu bitten, daß er Ihnen das Vergangene verzeihen, und Ihre Zukunft erleuchten wolle!

Ihre
Hedwig von Y**.

Ich will mich freuen, wenn Ihr Verwalter ein ehrlicher Mann ist; ich will mich auch schämen, wenn ich mich über Ihr Mädchen und ihren Vater geirrt habe: voritzt aber glaube ich dieses eben so wenig als jenes. Doch es bleibt Ihnen alles das nach eigenem Gutbefinden überlaßen: es ist ohnehin noch eine mäßige Zulage zu der größern Verantwortung, die Ihnen wegen des übrigen bevorsteht!

Siebenter Brief.

Die Baroneſſe von Z *. an die Frau von Y **.

Donnerſtags, den 27. Februar 1772.

In dem tiefſten Kummer, in einer Gemüthsverfaſſung die ich Ihnen nicht erbarmungswürdig genug ſchildern kann, ergreife ich nach meinem langen vorſetzlichen Stillſchweigen wiederum die Feder. Darf es aber eine reuige Betrübte noch wagen, an Sie, meine ſehr beleidigte Tante, zu ſchreiben, Sie um Vergebung zu bitten, Sie um Troſt, um Ihren Rath, um Ihre Hülfe, um Ihre Liebe ſogar anzuflehen? — Meine Schamröthe ſagt mir daß ich keines weiter verdiene: aber die Angſt ſelbſt giebt mir eine ferne ſchwache Hoffnung, und mein Gewiſſen verbindet mich wenigſtens zu einem aufrichtigen Bekenntniſſe.

Ach, wie ſo pünktlich iſt Ihre Prophezeihung eingetroffen! Mein Gemahl und ich

ich erkennen nun leyder! da es zu spät ist;
wie sehr wir uns an Gott, an unserm
Nächsten, an Ihnen, beste würdigste
Freundinn, vergangen haben! Wir wurden von Tage zu Tage hartherziger, wir
opferten unserm Vergnügen jede andere
Betrachtung auf, und das Andenken des
allgemeinen Elendes verschwand gänzlich
aus unsern Augen. — O wenn uns Gott
eben so vergessen hätte; was würde itzt aus
uns geworden seyn! — Wir schätzten Ihren gütigen Rath, Ihre mütterlichen Ver-
mahnungen geringe; wir sahen sie als eine überlästige Sittenrichterinn an: wir
sanken so tief, daß wir über Ihren Eifer
scherzen konnten, und wir gaben unsern
Briefwechsel mit Vorsatz auf. Wir leich-
ten Köpfe hatten sogar die Hoffnung, Sie
würden sich darüber grämen, und endlich
billiger gegen uns werden, wie wir es
nannten. — Gestern aber, gestern war
die Zeit, daß uns ein entsetzlicher Vorfall die Binde wegreissen sollte, unter welcher wir in unsrer Finsterniß die süßen
Träume der Phantasie genossen, und doch

helles

helles Licht zu sehen glaubten: die Blinde ist hinweg, und wir können den fürchterlichen Glanz des Tages, der alles Schrecken um uns her erleuchtet, nicht anders als mit Schmerzen ertragen.

Wir fuhren gestern, Mittwochs, sehr zeitig in die Stadt: wir wollten Mittags dort speisen, und Abends die Reboute besuchen. Als wir die Treppe herunter kamen um in die Kutsche zu steigen, trat uns auf einmal der alte Hanns der sich hinter dem untersten Pfeiler versteckt gehalten hatte, in den Weg. „Sie sind „sehr böse auf mich, sagte er, das weiß „ich wohl; und Sie werden es noch mehr „seyn, weil ich Sie so ungelegen aufhalte: aber ich habe Ihnen sehr viel wich„tiges zu sagen. Ich bin schon oben ge„wesen; Ihre Bedienten wiesen mich ab." Mein Freund, fiel ihm mein Gemahl ins Wort, meine Bedienten haben Befehl dich so lange abzuweisen, bis du vernünftiger wirst. — „Ey nun, antworte„te der alte Mann, es thut nichts. Ich „bin ein gemeiner Mann, ein abgedank„ter

„ter alter Kriegsknecht; es kann seyn,
„daß ichs nicht allemal recht mache wie
„Sies haben wollen: aber haben Sie die
„Gnade, und gehen Sie mit mir einen
„Augenblick allein auf Ihr Zimmer." —
Der Verzug war mir ärgerlich: ihr
träumt, schrie ich; kommt morgen wieder! — „Nein! versetzte er; heute, heute
„noch; itzt sogar, gnädige Frau, oder
„niemals wieder!" mein Gemahl rief
„den Bedienten. „Gnädiger Herr, sag-
„te er, Sie werden es bereuen, wo Sie
„mich fortjagen lassen. Um Gottes wil-
„len hören Sie mich, nur einen Augen-
„blick!" — Aber unsre Bedienten führ-
ten ihn mit Gewalt fort: wir stiegen auf,
und fuhren in die Stadt.

Mein Gemahl hatte sich über diesen
Vorfall so geärgert, daß er unsägliche
Kopfschmerzen bekam; sie wurden gegen
Abend immer ärger, und wir verlohren
beyde die Lust zur Redoute. Wir fuhren
also Abends nach acht Uhr bey ein wenig
Sternenlichte wieder zurück. Sie wissen
den Weg durch den kleinen Tannenwald

an

an der Straße: es war ziemlich finster darinne. Gott weiß wie es kam: aber es überfiel mich ein Schauer, mein Herz pochte mir gewaltsam, und ich hätte gern vorgeschlagen, auf der Stelle umzukehren und einen andern Weg zu nehmen, wenn ich mich meiner Schwäche nicht selber geschämt hätte. Sie können leicht erachten, daß sich meine Furcht nicht verminderte, als ich auf einmal an jeder Seite des Weges etliche Laternen hervorkommen sah: o mein Baron, sagte ich zitternd, sehen Sie doch! um Gottes willen, was ist das? — Mein Gemahl, so übel er aufwar, lachte herzlich über meine Zaghaftigkeit und war eben in einer sehr boshaften Anmerkung über die weibliche Furcht begriffen, als plötzlich der eine Laternenträger mit einem fürchterlichen Fluche in die Vorderpferde fiel, indeß etliche andere Kerls die Stränge abschnitten und den Schlag der Kutsche aufrißen. Wir riefen unserm Bedienten; aber er war aus Furcht davon gelaufen, und unser Kutscher folgte ihm

mit

mit den losgeschnittenen Pferden in vollem Galoppe. Ich war halb todt, und weiß selbst nicht mehr was alles vorgieng; ich entsinne mich nur noch, daß die Kerls Pallasche und Flinten hatten, und uns unser Geld abforderten. Mein Gemahl, ohne ein Wort zu sagen, zog im Augenblick sein Weidmesser und hieb nach dem nächsten: ach! das war unser Unglück: denn man verwundete ihn sogleich in den Arm, daß mir das Blut ins Gesicht sprang, und riß ihn ungeachtet meines entsetzlichen Schreyens aus dem Wagen, ja, er würde ermordet worden seyn, wenn Gott nicht eine Art von Wunder zu unsrer Errettung gesandt hätte. Es geschahen aus dem Busche etliche Flintenschüsse, und ich verlor sogleich meine Sinnen, denn ich glaubte fest, daß die Räuber eine Absicht auf unser Leben hätten. Als ich wieder zu mir selbst kam, erkannte ich bey etlichen Laternen eine Menge Dragoner um meine Kutsche; ich sah den ehrlichen alten Hanns mit einer Flinte mitten unter ihnen, und ich hörte daß
mein

mein Gemahl, der sich indeß seinen Arm mit einem Schnupftuche verbunden hatte, ihn mit den freundlichsten Worten liebkosete. „Sehen Sie da, sagte er, „und brachte mir den Mann bey der Hand an die Kutsche geführt; sehen Sie da, „unsern Schutzengel. Bey Gott! wir „haben eine edle Seele verkannt, und „ein großes Herz unverdienter Weise be= „leidigt. O Julie, wie vieles werden „wir gutzumachen haben!" Mein Gemahl hieß den Mann in die Kutsche stei= gen: er weigerte sich schlechterdings: „ich „bin morgen erst wieder bestellt;" sagte er mit Lächeln. Mein Gemahl verstund das Bittere dieser Antwort, und nöthig= te ihn mit freundlicher Gewalt hinein. So fuhren wir, von den Dragonern be= gleitet vollends nach Hause.

Als mein Gemahl ordentlich verbun= den war, ließen wir den ehrlichen Hanns sogleich hereinkommen: ach! mit welchem Entzücken sah ich ihn wieder; denn ich wußte schon soviel, daß wir ihm unser Le= ben zu danken hätten, nur war uns noch
der

der ganze Zusammenhang unsrer fürchterlichen Geschichte ein Räzel. Wir erfuhren alles von ihm mehr als zu deutlich.

Er war vorgestern Abends bey seiner Tochter gewesen, hatte sich aber so lange verspätigt, daß er beym Fortgehn das Hofthor geschlossen fand. Er wußte, daß der Verwalter die Schlüssel hatte: er wagte es nicht ihn zu bitten, oder war zu stolz darzu: kurz, er entschloß sich, die Nacht in einem lediger Stalle zuzubringen. Nach Mitternacht vernahm er ein Geräusch, und sah den Verwalter, wie er zween Kerln, die volle Kornsäcke forttrugen, mit einer Blendlaterne leuchtete: sie blieben einen Augenblick vor dem Stalle stehn, und da hörte er, daß sie den verdammlichen Anschlag uns auf der Straße zu berauben anzettelten, und Ort und Zeit festsetzten. Dieses hatte ihn bewogen uns an der Treppe zu erwarten, um uns von der Gefahr Nachricht zu geben: und wir — o beste Tante! wir begegneten ihm unverschuldeter Weise so

hart,

hart, so grausam! Wäre er eben so unmenschlich gewesen, als wir; vielleicht hätte er uns der ganzen Gefahr, deren Warnung wir so ungestüm abwiesen, aus Rache überlassen: aber bewundern Sie die Größe eines vortrefflichen Herzens! So weh ihm unser Betragen that; so entschloß er sich dennoch seine Beleidiger zu retten. Er gieng sogleich zu dem Dragonerhauptmanne ins nächste Dorf; er hatte ehemals unter ihm gedient. Diesem entdeckte er sein gerechtes Besorgniß, und der brave Officier war sogleich willig, ihm heimlich eine Anzahl seiner besten Leute mitzugeben, die bey Anbruche des Abends unter seiner Anführung unbemerkt den Busch besetzten, und zu unserer Rettung eben noch zu rechter Zeit herbeyeilten.

Nun mein Freund, sagte mein Gemahl, es ist billig, daß ihr uns diesen wichtigen Dienst nicht umsonst geleistet habt: und reichte ihm seine Börse.

E   Er

Er schlug sie aus. „Eine gute That, „meynte er, muß man nicht bezahlt neh„men. Ich würde eben das so gut für „den ärmsten meiner Nachbarn gethan „haben als für Sie. Es schickt sich „auch nicht, daß man gewisse Dinge be„zahlt: wie das kömmt, weiß ich nicht; „aber ich weiß, es wäre eben so, als „wenn mein Oberster gedacht hätte, er „könnte mir die Narbe da (er wies auf „seine Stirne) bezahlen."

Aber ihr seyd arm, lieber Freund; ihr habt eine Tochter, und werdet es brauchen.

„Das ist wahr: aber ich habe von „meinem Soldatenstande auch Ehre im „Leibe mitgebracht. Ich verlange Ihr „Geld nicht! Wollen Sie mir aber eine „andere Gefälligkeit erweisen, ——

Tausend, schrie ich; tausend Gefäl„ligkeiten lieber Mann! sagt nur.

„Nun so geben Sie meine Tochter und „mich von der Unterthänigkeit los, damit

„mit wir so bald als möglich aus dem „Dorfe wegkommen."

Und warum das, ehrlicher Hans? Warum das?

„Ey! wir haben Ihnen Verdruß ge= „macht!"

Es trat mir eine Thräne der Reue in die Augen und mein Gemahl sah mich mit einem traurigen Blicke an. Es sey alles vergessen, sagte er endlich, und reichte ihm die Hand hin. Hans reich= te ihm die seinige dagegen und versicherte ihm, es sollte vergessen seyn; gleichwohl bestund er auf seinem Verlangen. Wir versprachen ihm und seiner Tochter Woh= nung und Unterhalt: „ich glaube es wohl „sagte er: aber meine Loslassung wenn „ich bitten darf!"

Es konnte nicht fehlen, seine Weige= rung mußte etwas hinter sich haben: Ich setzte seinem Geheimnisse auf das freund= lichste zu; endlich gelang mirs. So sehr ich sein gutes Herz lieb gewonnen hatte;

so sehr bewunderte ich nun seine Freymü-
thigkeit, mit welcher er uns sagte; er
könne das Elend seiner Miteinwohner
nicht länger mehr mit ansehn, nicht ansehn, daß wir uns so wenig um sie beküm-
merte, nicht ansehn, daß wir sie verhungern und zu Dieben werden ließen. Kurz,
liebste Tante, hier kam es heraus, daß
er wegen des Ueberfalles auf einige unsre
eigenen Unterthanen Verdacht habe. —
Gerechter Himmel! Nach einer kurzen Untersuchung fand es sich mehr als zu wahr!
Es waren ihrer sechse, deren jeder Weib
und Kind haben: jedoch sind alle so glück-
lich gewesen, durch die Flucht zu entkom-
men. Ich habe geglaubt, ich müßte ver-
hindern, daß sie verfolgt würden: hinter
dem Verwalter aber sind schon die Steck-
briefe her.

Nicht sowohl auf unser Bitten, als
vielmehr nach dem wiederholten Verspre-
chen, daß wir für unsre armen Unterthanen von nun an die Sorge selber übernehmen wollten, bleibt endlich der gute

tapf-

tapfere Alte in unserm Dorfe. Ich habe ihm aufgetragen, ein Verzeichniß von unsern Armen zu machen und alle Morgen mit mir die benöthigten Maaßregeln abzureden. Und nun, meine theuerste Tante, will ich suchen wieder gut zu machen was ich böse gemacht habe, wieder einzubringen was ich versäumt, und Zeit Lebens beklagen was ich veranlaßt habe. Meynen Sie nicht, daß eine späte Reue doch immer besser sey, als gar keine? — Mein armer Gemahl liegt itzt bettlägrig darnieder, und leidet weniger, wie er sagt, an seiner Wunde als an dem Gedanken, daß er seine rechtschaffnen Unterthanen in dieses Elend gebracht hat. Ich selbst weiß nicht, wie ich alles Schreckliche dieser Ideen ertragen werde, im Falle Sie mich mit Ihrem Troste verlassen, und nicht wieder versöhnt werden wollen durch die Reue

   Ihrer

    sehr betrübten

     Julie von Z*.

N. S.

N. S. Glauben Sie noch, daß wir Ihrer wiederum würdig werden können: o so eilen Sie, wo möglich noch heute; besuchen Sie uns, geben Sie uns Ihren Trost und Ihren guten Rath: wir wollen uns gänzlich Ihrer Einrichtung überlassen.